Impressum
Verlag: BABADADA GmbH, Nedderfeld 112 , 22529 Hamburg
Geschäftsführer / Verlagsleitung: Harald Hof
Druck: Books on Demand GmbH, In de Tarpen 42, 22848 Norderstedt

Imprint
Publisher: BABADADA GmbH, Nedderfeld 112 , 22529 Hamburg, Germany
Managing Director / Publishing direction: Harald Hof
Print: Books on Demand GmbH, In de Tarpen 42, 22848 Norderstedt, Germany

school

kool

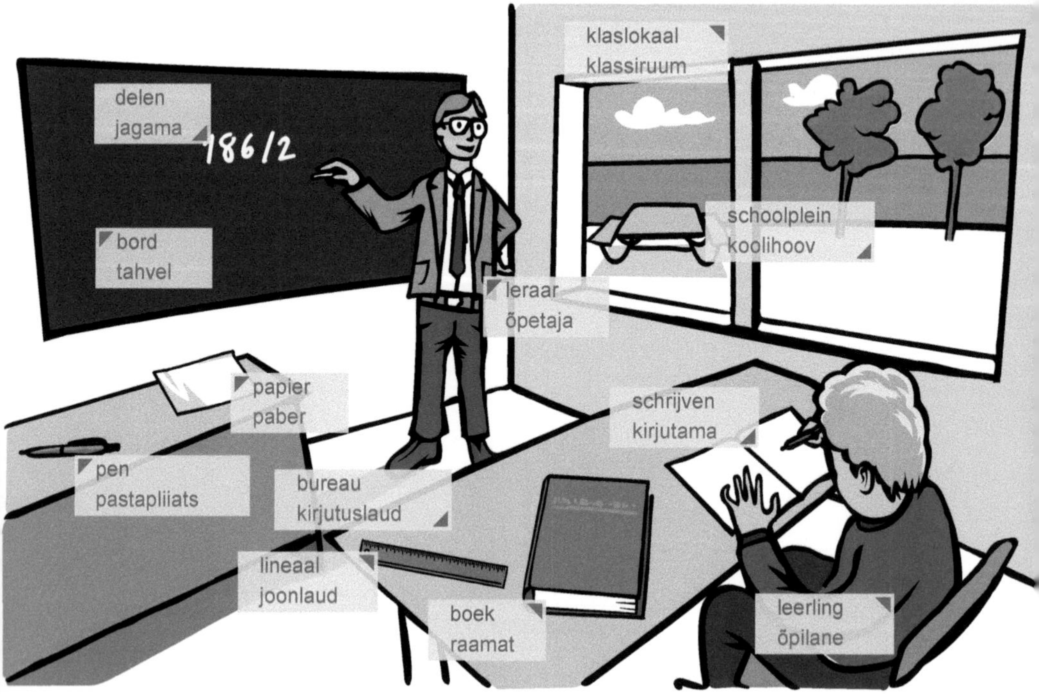
klaslokaal
klassiruum
delen
jagama
186/2
bord
tahvel
schoolplein
koolihoov
leraar
õpetaja
papier
paber
schrijven
kirjutama
pen
pastapliiats
bureau
kirjutuslaud
lineaal
joonlaud
boek
raamat
leerling
õpilane

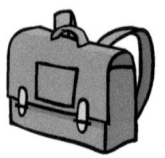

schooltas

koolikott

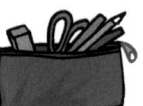

etui

pinal

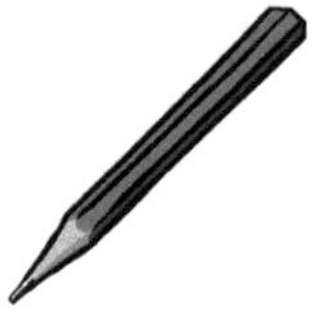

potlood

harilik pliiats

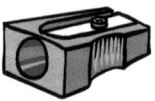

puntenslijper

pliiatsiteritaja

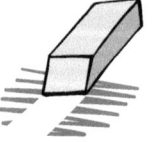

gum

kustukumm

schetsblok

joonistusplokk

tekening

joonistus

penseel

pintsel

verfdoos

värvikarp

schaar

käärid

lijm

liim

schrift

töövihik

huiswerk

kodutöö

getal

number

optellen

liitma

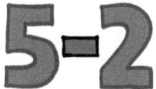

aftrekken

lahutama

vermenigvuldigen

korrutama

rekenen

arvutama

letter

täht

alfabet

tähestik

woord

sõna

tekst

tekst

lezen

lugema

krijt

kriit

les

koolitund

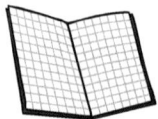

klassenboek

klassipäevik

examen

eksam

diploma

tunnistus

schooluniform

koolivorm

opleiding

haridus

encyclopedie

entsüklopeedia

universiteit

ülikool

microscoop

mikroskoop

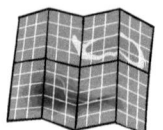

kaart

kaart

prullenmand

paberikorv

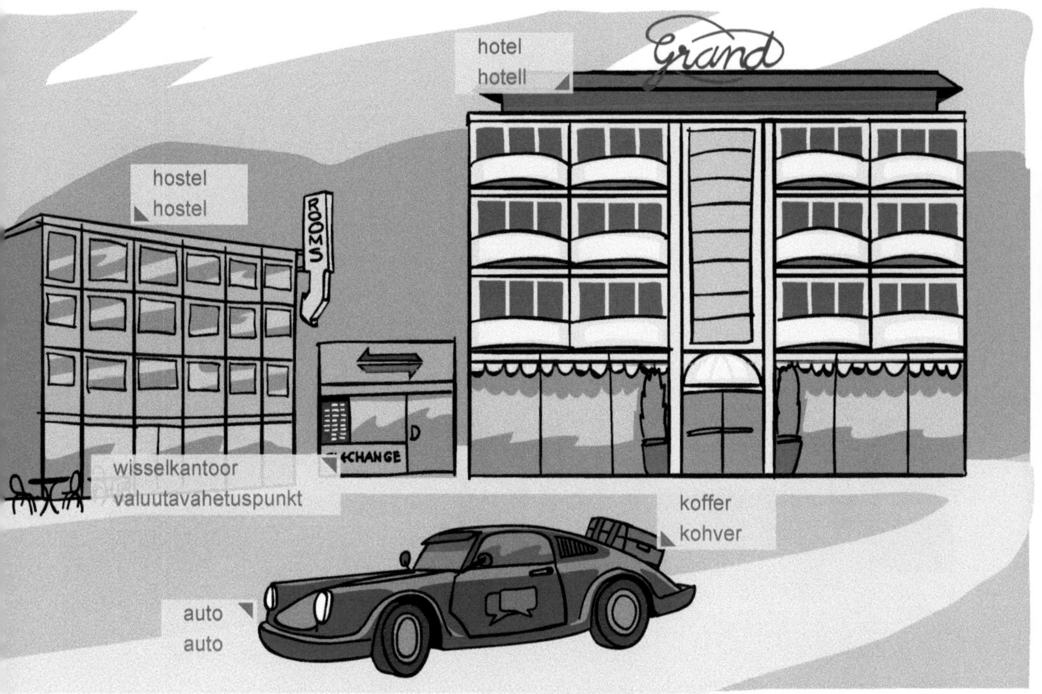

hotel
hotell
Grand
hostel
hostel
ROOMS
wisselkantoor
valuutavahetuspunkt
EXCHANGE
koffer
kohver
auto
auto

taal
keel

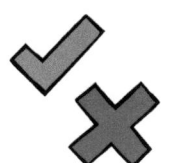

ja / nee
jah / ei

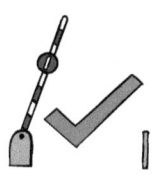

oké
okei

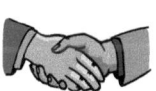

Hallo!
Tere!

tolk
tõlk

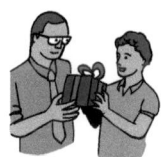

Bedankt.
Aitäh!

Wat kost ...?

Kui palju maksab ...?

Ik begrijp het niet.

Ma ei saa aru

probleem

probleem

Goedenavond!

Tere õhtust!

Goedemorgen!

Tere hommikust!

Goedenacht!

Head ööd!

Tot ziens!

Head aega!

richting

suund

bagage

pagas

tas

kott

rugzak

seljakott

gast

külaline

kamer

tuba

slaapzak

magamiskott

tent

telk

VVV-kantoor

turismiinfo

strand

rand

creditkaart

krediitkaart

ontbijt

hommikusöök

lunch

lõunasöök

diner

õhtusöök

kaartje

pilet

lift

lift

postzegel

postmark

grens

riigipiir

douane

toll

ambassade

saatkond

visum

viisa

paspoort

pass

transport

transport

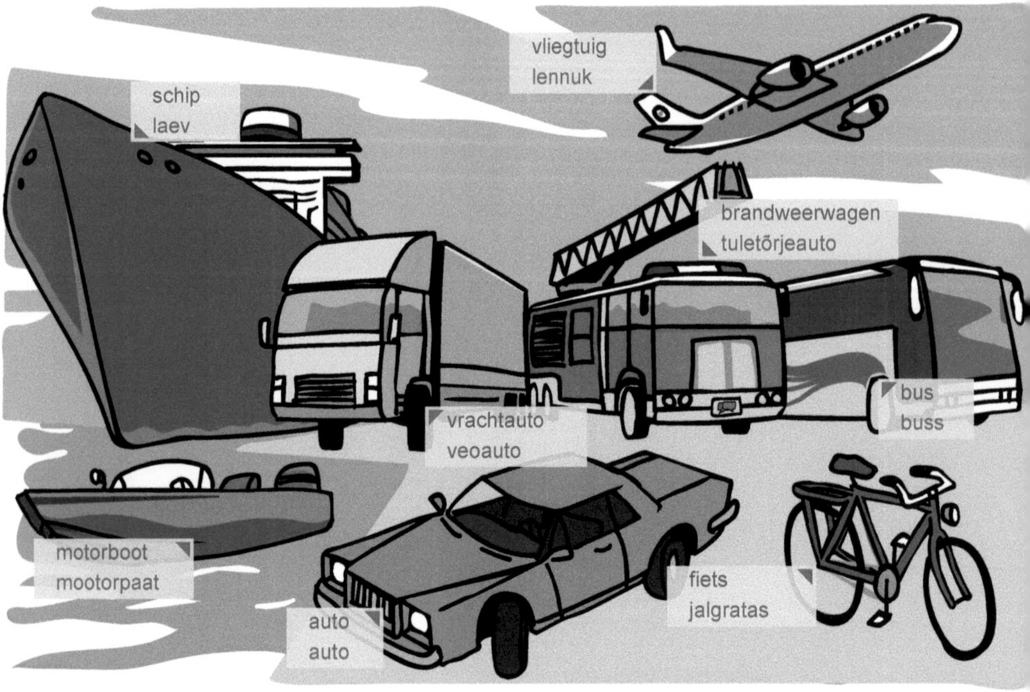
vliegtuig
lennuk
schip
laev
brandweerwagen
tuletõrjeauto
bus
buss
vrachtauto
veoauto
motorboot
mootorpaat
fiets
jalgratas
auto
auto

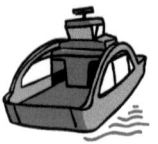

veerboot

praam

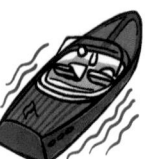

boot

paat

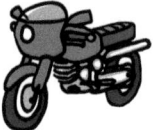

motorfiets

mootorratas

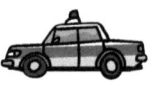

politiewagen

politseiauto

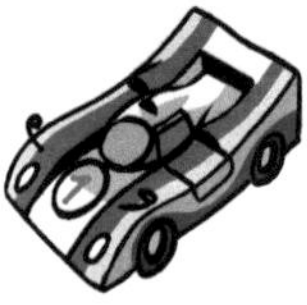

raceauto

võidusõiduauto

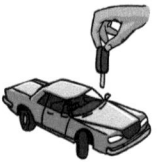

huurauto

rendiauto

carsharing

ühisauto

takelwagen

puksiirauto

vuilniswagen

prügiauto

motor

mootor

benzine

kütus

benzinepomp

tankla

verkeersbord

liiklusmärk

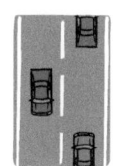

verkeer

liiklus

file

liiklusummik

parkeerplaats

parkla

station

raudteejaam

rails

rööpad

trein

rong

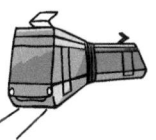

tram

tramm

wagon

vagun

helikopter

helikopter

luchthaven

lennujaam

toren

torn

passagier

reisija

container

konteiner

verhuisdoos

pappkast

kar

käru

mand

korv

opstijgen / landen

õhku tõusma / maanduma

stad

linn

dorp

küla

stadscentrum

kesklinn

huis

maja

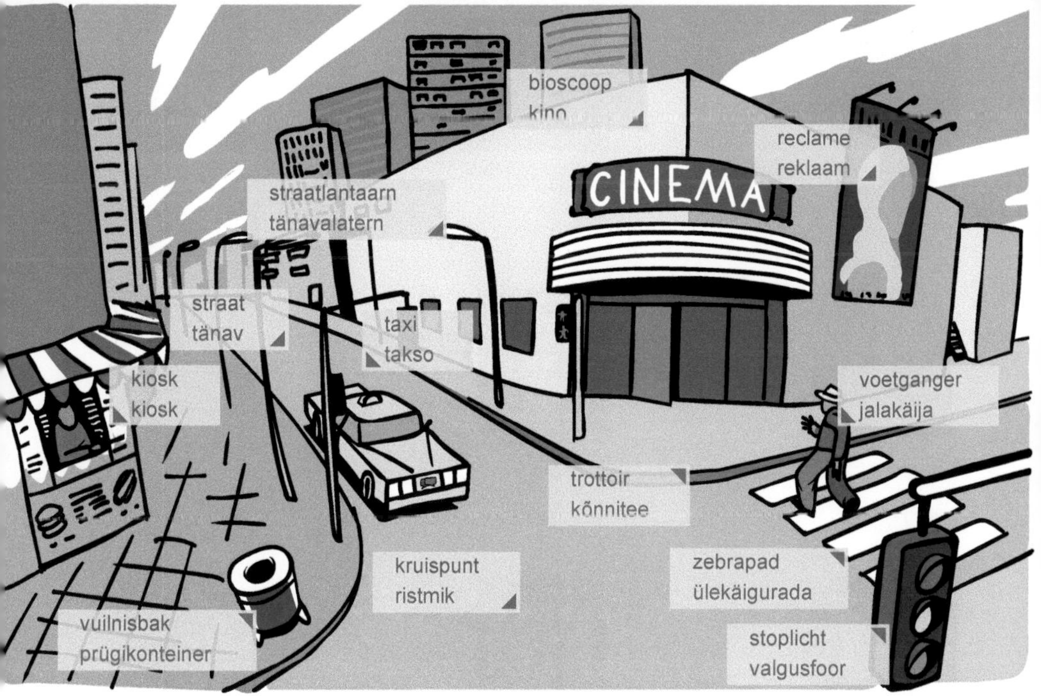

bioscoop
kino

reclame
reklaam

straatlantaarn
tänavalatern

CINEMA

straat
tänav

taxi
takso

kiosk
kiosk

voetganger
jalakäija

trottoir
kõnnitee

kruispunt
ristmik

zebrapad
ülekäigurada

vuilnisbak
prügikonteiner

stoplicht
valgusfoor

hut

osmik

appartement

kortermaja

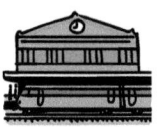

station

raudteejaam

stadhuis

raekoda

museum

muuseum

school

kool

universiteit

ülikool

bank

pank

ziekenhuis

haigla

hotel

hotell

apotheek

apteek

kantoor

kontor

boekenwinkel

raamatupood

winkel

kauplus

bloemenwinkel

lillepood

supermarkt

supermarket

markt

turg

warenhuis

kaubamaja

visboer

kalapood

winkelcentrum

kaubanduskeskus

haven

sadam

park
park

bank
pink

brug
sild

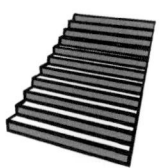

trap
trepp

metro
metroo

tunnel
tunnel

bushalte
bussipeatus

bar
baar

restaurant
restoran

brievenbus
postkast

straatnaambord
tänavasilt

parkeermeter
parkimisautomaat

dierentuin
loomaaed

zwembad
ujula

moskee
mošee

boerderij

talu

vervuiling

reostus

begraafplaats

surnuaed

kerk

kirik

speelplaats

mänguväljak

tempel

tempel

landschap
maastik

blad
leht

wegwijzer
teeviit

weg
tee

weide
aas

steen
kivi

boom
puu

wandelaar
matkaja

rivier
jõgi

gras
rohi

bloem
lill

vallei

org

berg

mägi

meer

järv

bos

mets

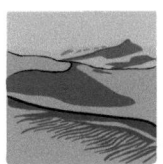

woestijn

kõrb

vulkaan

vulkaan

kasteel

linnus

regenboog

vikerkaar

paddenstoel

seen

palmboom

palm

mug

sääsk

vlieg

kärbes

mier

sipelgas

bij

mesilane

spin

ämblik

kever
mardikas

kikker
konn

eekhoorn
orav

egel
siil

haas
jänes

uil
öökull

vogel
lind

zwaan
luik

wild zwijn
metssiga

hert
hirv

eland
põder

stuwdam
pais

windmolen
tuuleturbiin

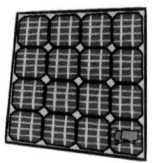

zonnepaneel
päikesepaneel

klimaat
kliima

restaurant
restoran

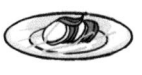

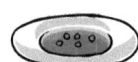

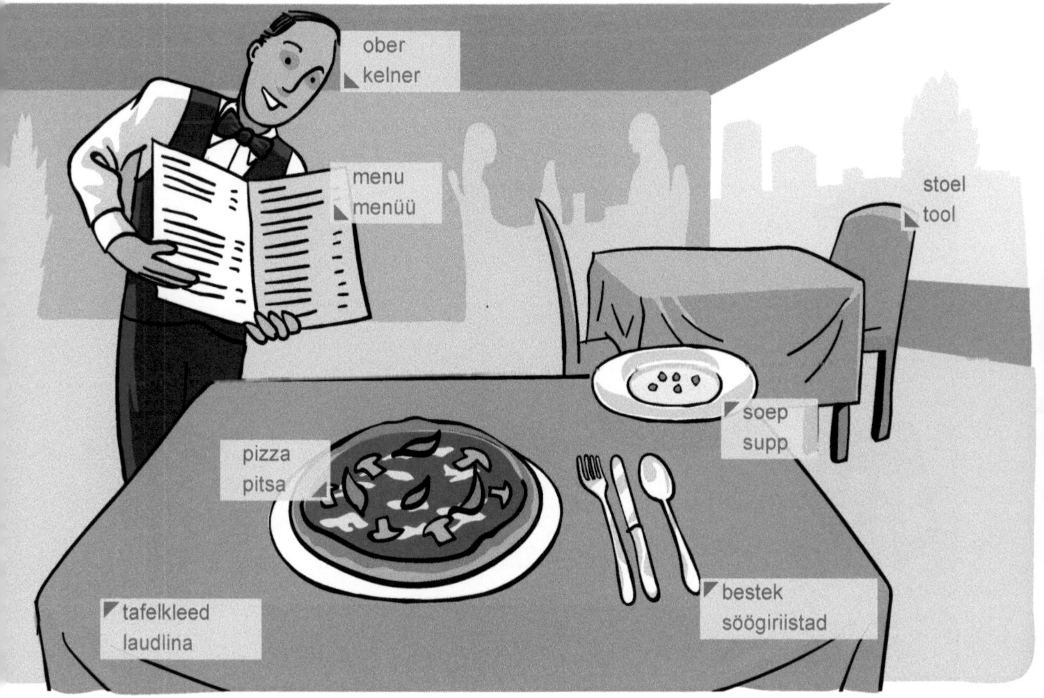

ober
kelner
menu
menüü
stoel
tool
soep
supp
pizza
pitsa
bestek
söögiriistad
tafelkleed
laudlina

voorgerecht
eelroog

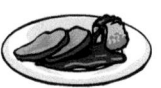

hoofdgerecht
pearoog

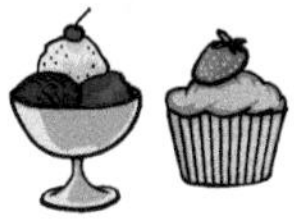

toetje
magustoit

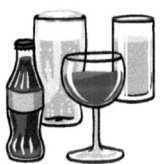

dranken
joogid

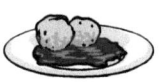

eten
toit

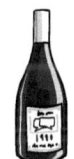

fles
pudel

fastfood
kiirtoit

eetkraampje
tänavatoit

theepot
teekann

suikerpot
suhkrutoos

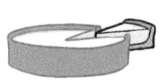

portie
portsjon

espressomachine
espressomasin

kinderstoel
lastetool

rekening
arve

dienblad
kandik

mes
nuga

vork
kahvel

lepel
lusikas

theelepel
teelusikas

servet
salvrätik

glas
klaas

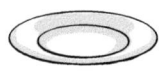

bord

taldrik

soepbord

supitaldrik

schotel

alustass

saus

kaste

zoutvaatje

soolatoos

pepermolen

pipravecki

azijn

äädikas

olie

õli

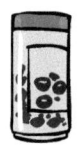

kruiden

vürtsid

ketchup

ketšup

mosterd

sinep

mayonaise

majonees

supermarkt
supermarket

aanbieding
eripakkumine
FOR
klant
klient
zuivelproducten
piimatooted
fruit
puuviljad
winkelwagen
ostukäru

BUTCHERS
slager
lihapood

BAKERY
bakkerij
pagariäri

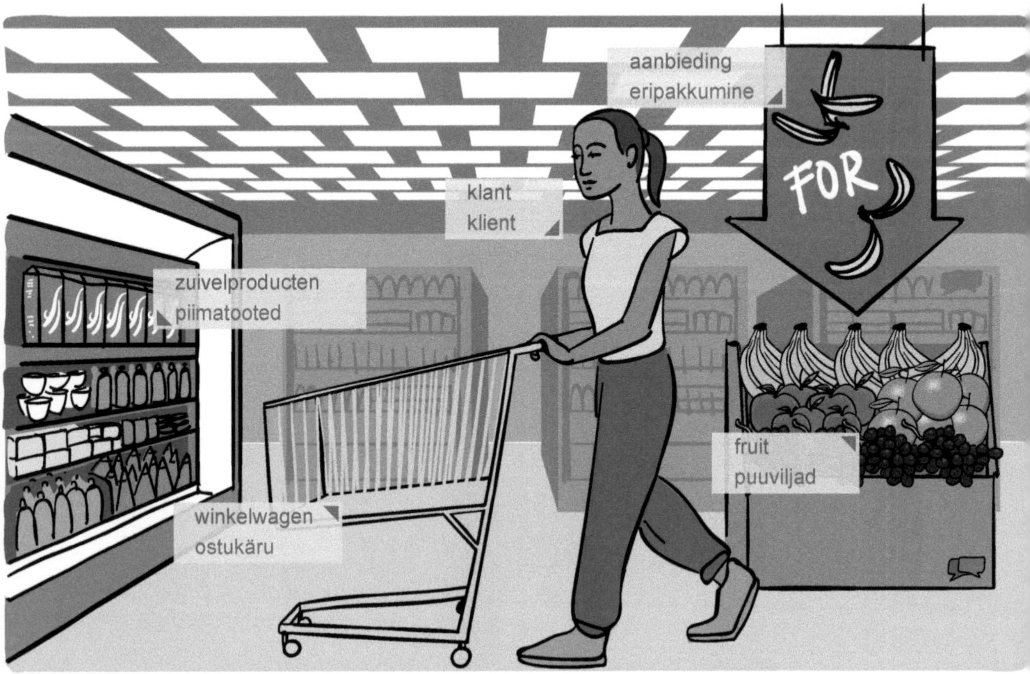

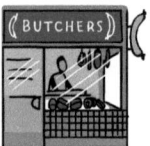

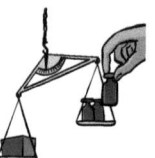

wegen
kaaluma

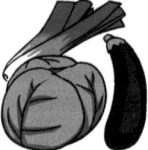

groente
köögiviljad

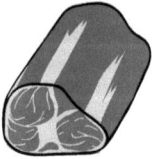

vlees
liha

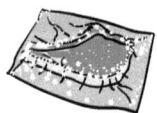

diepvriesproducten
külmutatud toit

vleeswaren

lihalõigud

conserven

konservid

wasmiddel

pesupulber

snoepgoed

maiustused

huishoudelijke artikelen

majatarbed

schoonmaakmiddel

puhastustootcd

verkoopster

müüja

kassa

kassaaparaat

kassier

kassapidaja

boodschappenlijstje

ostunimekiri

openingstijden

lahtiolekuajad

portefeuille

rahakott

creditkaart

krediitkaart

tas

kott

plastic zak

kilekott

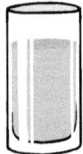

water

vesi

sap

mahl

melk

piim

cola

koola

wijn

vein

bier

õlu

alcohol

alkohol

chocolademelk

kakao

thee

tee

koffie

kohv

espresso

espresso

cappuccino

cappuccino

banaan

banaan

appel

õun

sinaasappel

apelsin

watermeloen

arbuus

citroen

sidrun

wortel

porgand

knoflook

küüslauk

bamboe

bambus

ui

sibul

paddenstoel

seen

noten

pähklid

pasta

nuudlid

spaghetti

spagetid

rijst

riis

salade

salat

friet

friikartulid

gebakken aardappelen

praekartulid

pizza

pitsa

hamburger

hamburger

sandwich

võileib

schnitzel

šnitsel

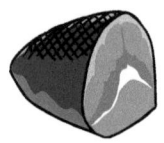

ham

sink

salami

salaami

worst

vorst

kip

kana

gebraad

praeliha

vis

kala

havermout

kaerahelbed

muesli

müsli

cornflakes

maisihelbed

meel

jahu

croissant

sarvesai

broodjes

kukkel

brood

leib

toast

röstsai

koekjes

küpsised

boter

või

kwark

kohupiim

taart

kook

ei

muna

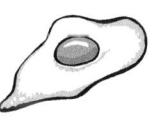

gebakken ei

praemuna

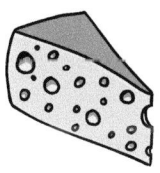

kaas

juust

ijs

jäätis

suiker

suhkur

honing

mesi

jam

moos

chocoladepasta

pähklivõie

kerrie

karri

boerderij
talu

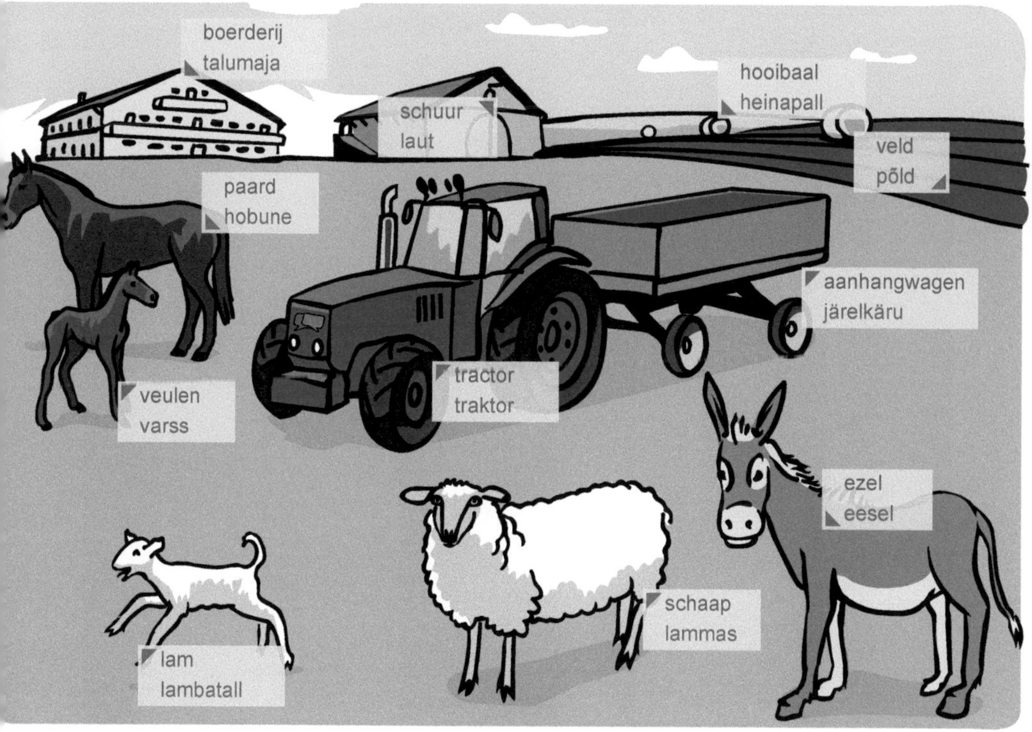
boerderij
talumaja
schuur
laut
hooibaal
heinapall
veld
põld
paard
hobune
aanhangwagen
järelkäru
tractor
traktor
veulen
varss
ezel
eesel
schaap
lammas
lam
lambatall

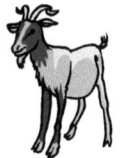

geit

kits

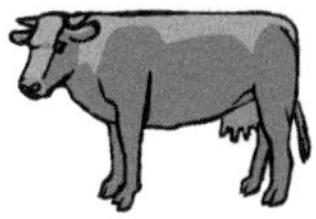

koe

lehm

kalf

vasikas

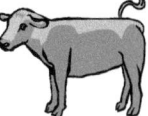

varken

siga

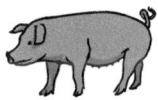

big

põrsas

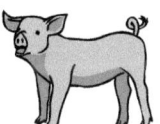

stier

pull

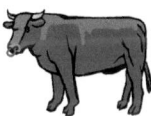

gans
hani

eend
part

kuiken
tibu

kip
kana

haan
kukk

rat
rott

kat
kass

muis
hiir

os
härg

hond
koer

hondenhok
koerakuut

tuinslang
aiavoolik

gieter
kastekann

zeis
vikat

ploeg
ader

sikkel

sirp

schoffel

kõblas

hooivork

hang

bijl

kirves

kruiwagen

käru

trog

küna

melkbus

piimanõu

zak

kott

hek

tara

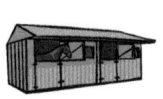

stal

tall

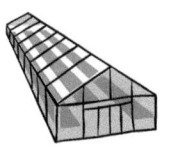

broeikas

kasvuhoone

grond

muld

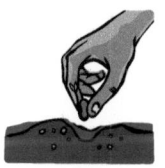

zaad

seeme

mest

väetis

maaidorser

kombain

oogsten

saaki koristama

oogst

saagikoristus

yam

jamss

tarwe

nisu

soja

soja

aardappel

kartul

maïs

mais

koolzaad

raps

fruitboom

viljapuu

maniok

maniokk

granen

teravili

huis
maja

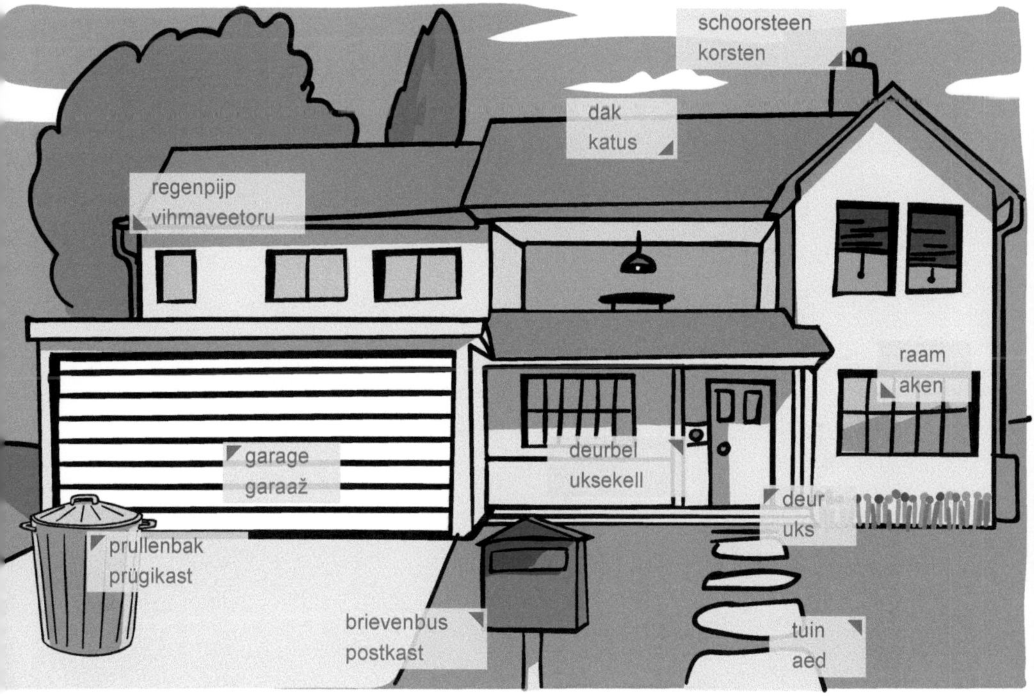
schoorsteen
korsten
dak
katus
regenpijp
vihmaveetoru
raam
aken
deurbel
uksekell
garage
garaaž
deur
uks
prullenbak
prügikast
brievenbus
postkast
tuin
aed

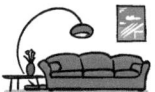

woonkamer
elutuba

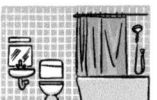

badkamer
vannituba

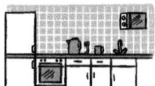

keuken
köök

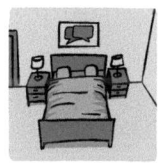

slaapkamer
magamistuba

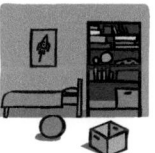

kinderkamer
lastetuba

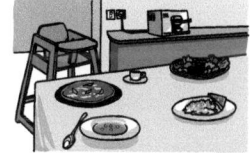

eetkamer
söögituba

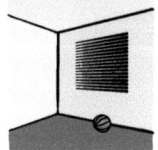

vloer
põrand

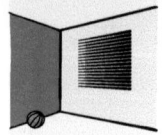

muur
sein

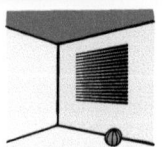

plafond
lagi

kelder
kelder

sauna
saun

balkon
rõdu

terras
terrass

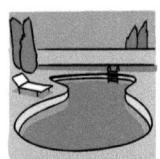

zwembad
bassein

grasmaaier
muruniiduk

laken
voodilina

bedsprei
päevatekk

bed
voodi

bezem
luud

emmer
ämber

schakelaar
lüliti

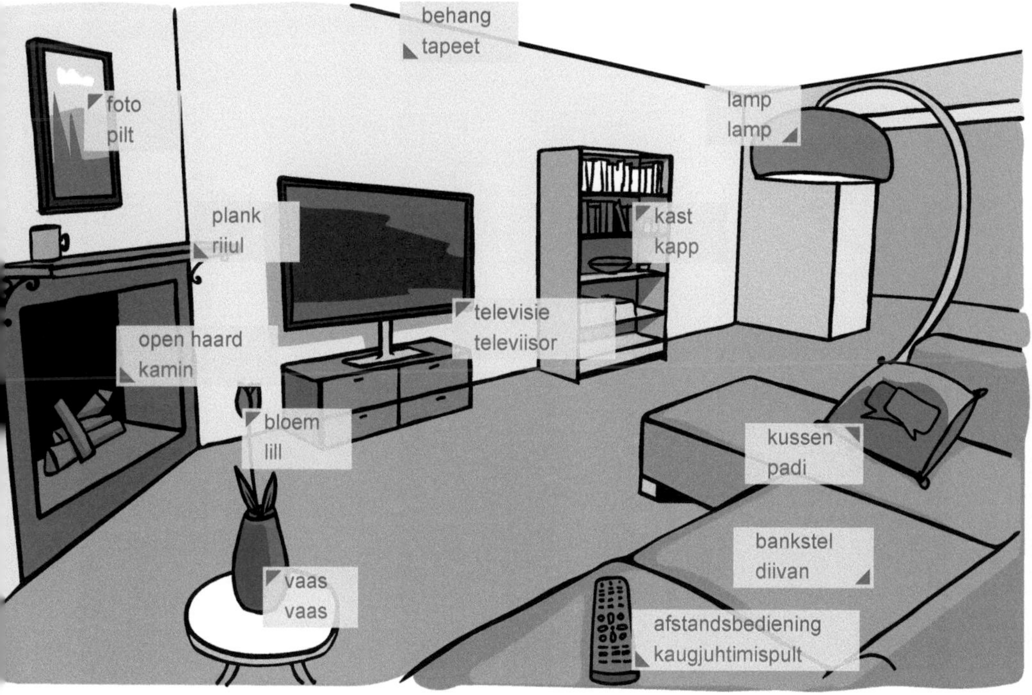

behang
tapeet

foto
pilt

lamp
lamp

plank
riiul

kast
kapp

open haard
kamin

televisie
televiisor

bloem
lill

kussen
padi

bankstel
diivan

vaas
vaas

afstandsbediening
kaugjuhtimispult

tapijt	gordijn	tafel
vaip	kardin	laud

stoel	schommelstoel	stoel
tool	kiiktool	tugitool

boek

raamat

deken

tekk

decoratie

kaunistus

brandhout

küttepuud

film

film

stereo-installatie

helisüsteem

sleutel

võti

krant

ajaleht

schilderij

maal

poster

plakat

radio

raadio

kladblok

märkmik

stofzuiger

tolmuimeja

cactus

kaktus

kaars

küünal

keuken
köök

koelkast
külmik
magnetron
mikrolaineahi
keukenweegschaal
köögikaal
toaster
röster
schoonmaakmiddel
pesuvahend
oven
ahi
vriesvak
sügavkülmik
prullenbak
prügikast
vaatwasser
nõudepesumasin

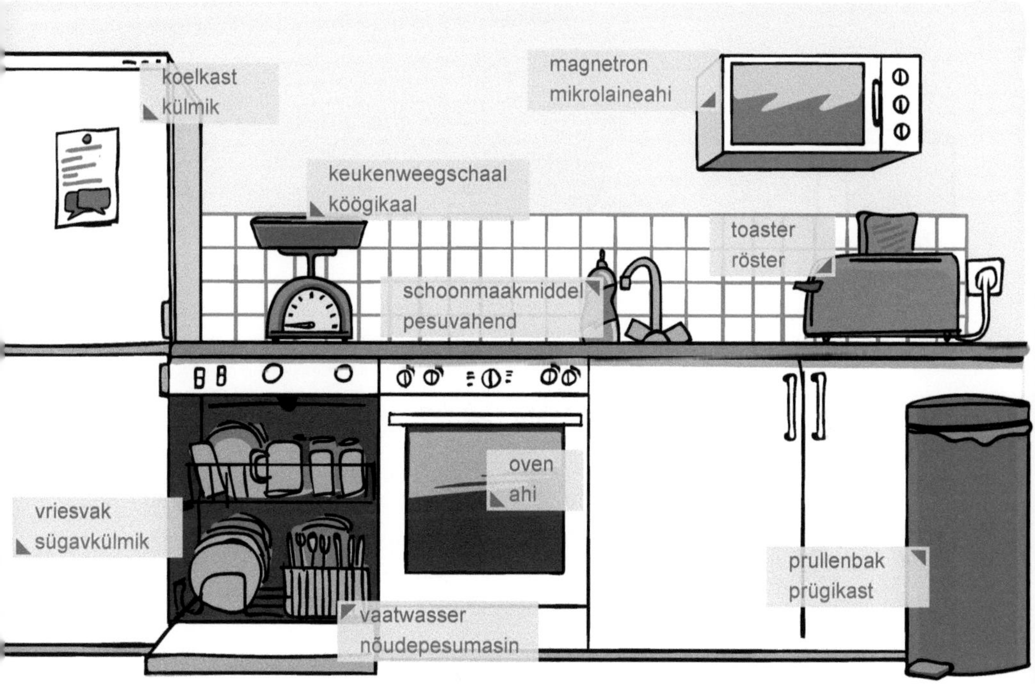

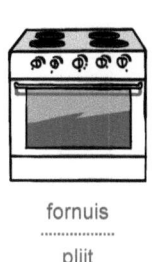

fornuis

pliit

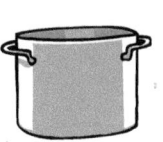

pan

pott

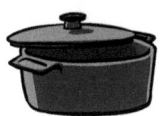

gietijzeren pan

malmpott

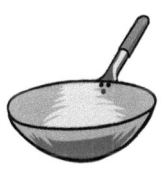

wok / kadai

vokkpann

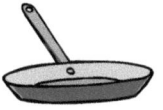

koekenpan

pann

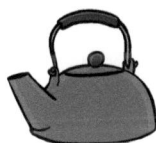

ketel

veekeetja

stoomkoker

aurutaja

bakplaat

küpsetusplaat

servies

lauanõud

beker

kruus

kom

kauss

eetstokjes

söögipulgad

soeplepel

kulp

spatel

pannilabidas

garde

vispel

vergiet

kurn

zeef

sõel

rasp

riiv

vijzel

uhmer

barbecue

grill

vuurhaard

lahtine tuli

snijplank
lõikelaud

deegroller
tainarull

kurkentrekker
korgitser

blik
konservipurk

blikopener
konserviavaja

pannenlap
pajakinnas

wasbak
kraanikauss

borstel
hari

spons
pesukäsn

blender
kannmikser

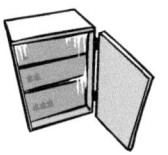

vriezer
sügavkülmuti

babyflesje
lutipudel

kraan
segisti

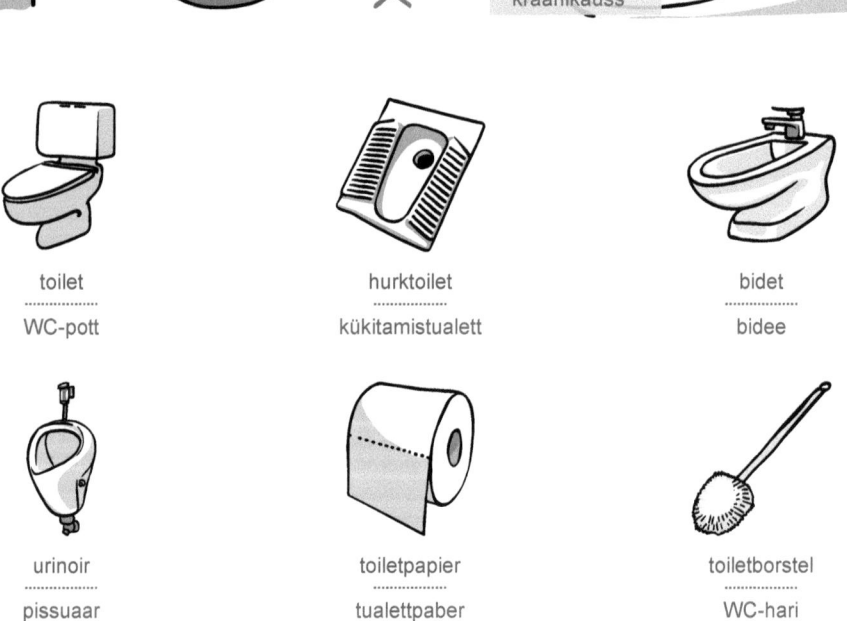

badkamer
vannituba

verwarming
küte
handdoek
käterätik
douche
dušš
douchegordijn
dušikardin
bubbelbad
mullivann
bad
vann
glas
klaas
wasmachine
pesumasin
kraan
segisti
tegels
plaadid
potje
pissipott
wasbak
kraanikauss

toilet

WC-pott

hurktoilet

kükitamistualett

bidet

bidee

urinoir

pissuaar

toiletpapier

tualettpaber

toiletborstel

WC-hari

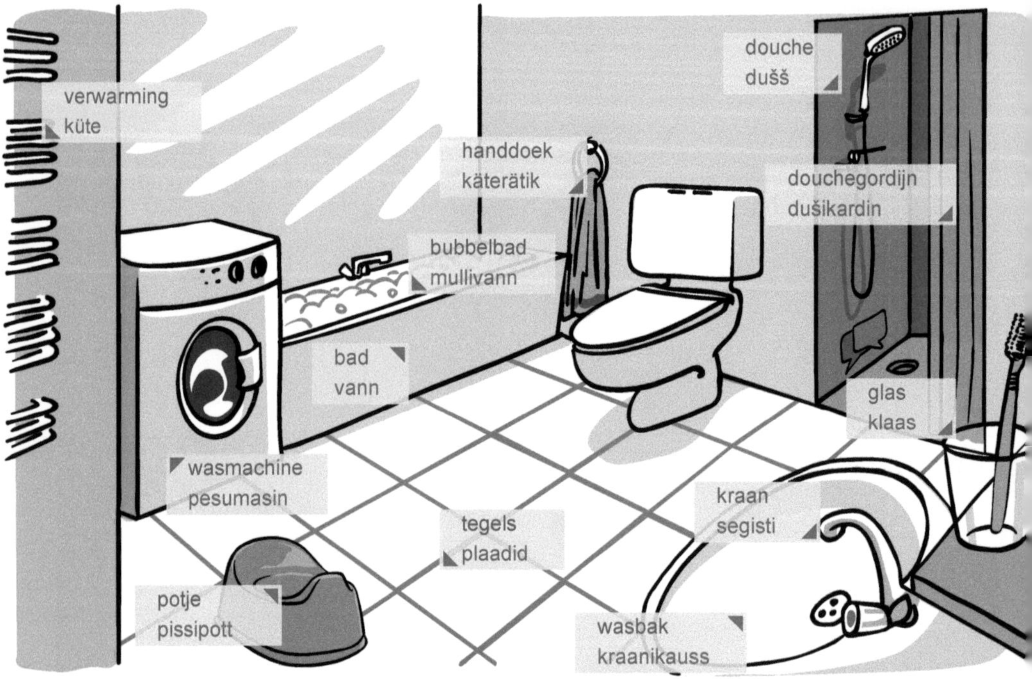

tandenborstel

hambahari

tandpasta

hambapasta

flosdraad

hambaniit

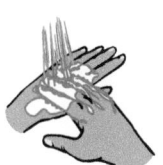

wassen

pesema

handdouche

käsidušš

toiletdouche

intiimdušš

waskom

pesukauss

rugborstel

seljahari

zeep

seep

douchegel

dušigeel

shampoo

šampoon

washanje

vamm

afvoer

äravool

creme

kreem

deodorant

deodorant

spiegel

peegel

make-upspiegel

käsipeegel

scheermes

habemenuga

scheerschuim

raseerimisvaht

aftershave

habemevesi

kam

kamm

borstel

hari

haardroger

föön

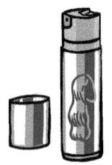

haarspray

juukselakk

make-up

meigikomplekt

lippenstift

huulepulk

nagellak

küünelakk

watten

vatt

nagelschaartje

küünekäärid

parfum

parfüüm

toilettas

tualett-tarvete kott

kruk

taburet

weegschaal

kaal

badjas

hommikumantel

rubber handschoenen

kummikindad

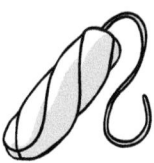

tampon

tampoon

maandverband

hügieeniside

chemisch toilet

keemiline tualett

kinderkamer
lastetuba

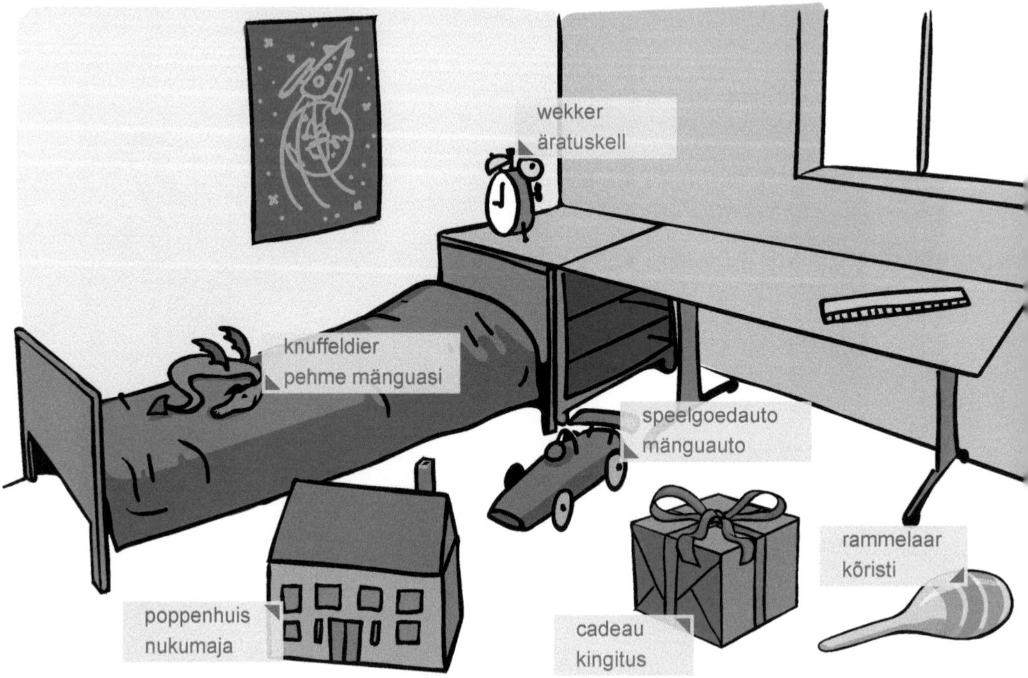
wekker
äratuskell
knuffeldier
pehme mänguasi
speelgoedauto
mänguauto
rammelaar
kõristi
poppenhuis
nukumaja
cadeau
kingitus

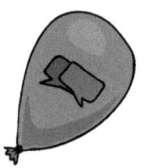

ballon

õhupall

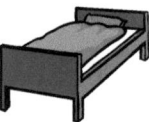

bed

voodi

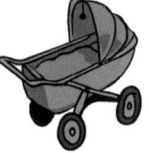

kinderwagen

lapsevanker

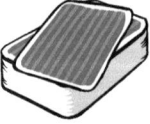

kaartspel

kaardipakk

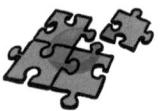

puzzel

pusle

stripverhaal

koomiks

legostenen

Lego klotsid

speelgoedblokken

klotsid

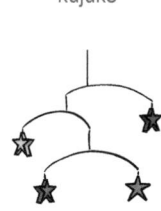

actiefiguurtje

kujuke

romper

siputuspüksid

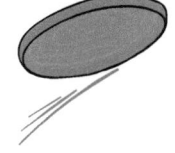

frisbee

lendav taldrik

mobile

voodikarussell

bordspel

lauamäng

dobbelsteen

täringud

modeltrein

mudelrong

speen

lutt

feestje

pidu

prentenboek

pildiraamat

bal

pall

pop

nukk

spelen

mängima

zandbak

liivakast

schommel

kiik

speelgoed

mänguasjad

spelcomputer

mängukonsool

driewieler

kolmerattaline jalgratas

teddybeer

mängukaru

kleerkast

riidekapp

kleding

riietus

sokken

sokid

kousen

sukad

panty

sukkpüksid

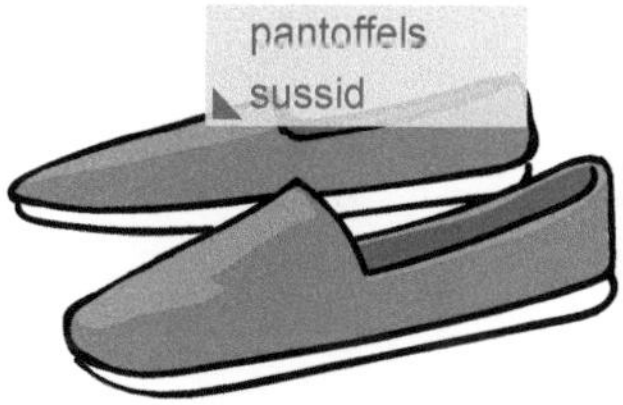

sjaal
sall

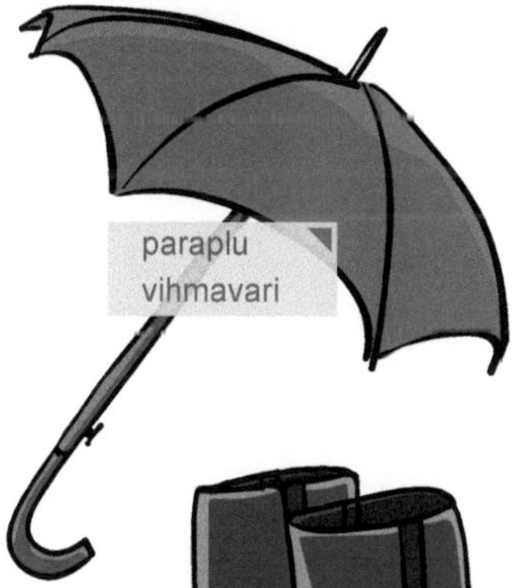

paraplu
vihmavari

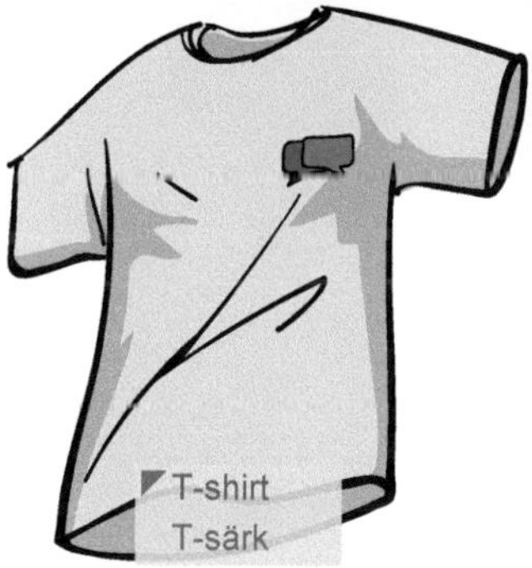

rlem
vöö

T-shirt
T-särk

laarzen
saapad

pantoffels
sussid

sportschoenen
tossud

sandalen
....
sandaalid

schoenen
....
jalatsid

rubberlaarzen
....
kummikud

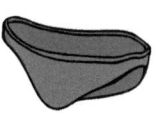

onderbroek
....
aluspüksid

beha
....
rinnahoidja

onderhemd
....
vest

body
bodi

broek
püksid

spijkerbroek
teksapüksid

rok
seelik

blouse
pluus

overhemd
särk

trui
sviiter

hoody
dressipluus

blazer
bleiser

jas
jakk

mantel
mantel

regenjas
vihmamantel

kostuum
kostüüm

jurk
kleit

trouwjurk
pulmakleit

pak

ülikond

nachthemd

öösärk

pyjama

pidžaama

sari

sari

hoofddoek

pearätt

tulband

turban

boerka

burka

kaftan

kaftan

abaja

abayah

zwempak

ujumistrikoo

zwembroek

ujumispüksid

korte broek

lühikesed püksid

trainingspak

dressid

schort

põll

handschoenen

kindad

knoop

nööp

bril

prillid

armband

käevõru

ketting

kaelakee

ring

sõrmus

oorbel

kõrvarõngas

pet

nokamüts

kledinghanger

riidepuu

hoed

kaabu

stropdas

lips

rits

tõmblukk

helm

kiiver

bretels

traksid

schooluniform

koolivorm

uniform

vormirõivad

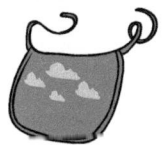

slabbetje

pudipõll

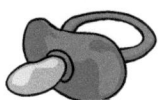

speen

lutt

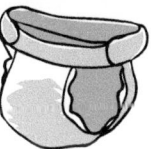

luier

mähe

kantoor
kontor

server
server
archiefkast
arhiivikapp
printer
printer
papier
paber
beeldscherm
monitor
muis
hiir
bureau
kirjutuslaud
map
kaust
toetsenbord
klaviatuur
prullenmand
paberikorv
computer
arvuti
stoel
tool

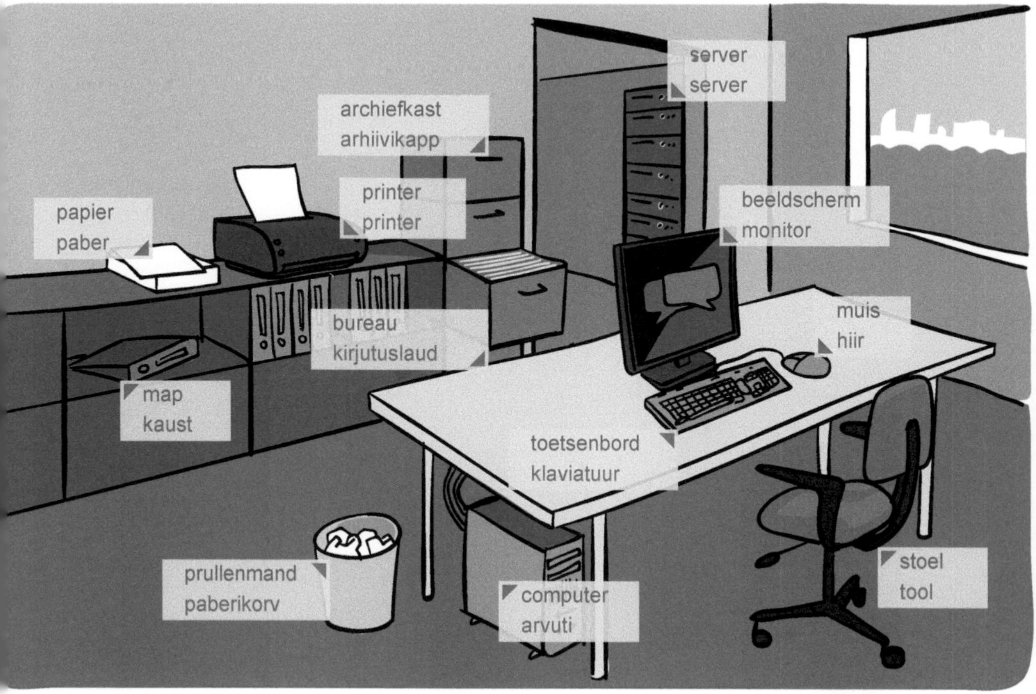

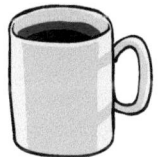

koffiemok

kohvikruus

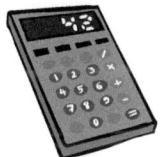

rekenmachine

kalkulaator

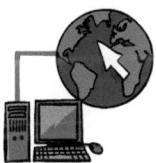

internet

internet

laptop

sülearvuti

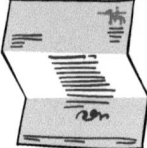

brief

kiri

bericht

sõnum

mobiele telefoon

mobiiltelefon

netwerk

võrk

kopieermachine

koopiamasin

software

tarkvara

telefoon

telefon

stopcontact

pistikupesa

fax

faksimasin

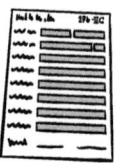

formulier

vorm

document

dokument

kopen

ostma

betalen

maksma

handel drijven

vahetama

geld

raha

USD

dollar

dollar

EUR

euro

euro

JPY

yen

jeen

RUB

roebel

rubla

CHF

Zwitserse frank

Šveitsi frank

CNY

renminbi yuan

renminbi jüaan

INR

roepie

ruupia

geldautomaat

sularahaautomaat

wisselkantoor

valuutavahetuspunkt

goud

kuld

zilver

hõbe

olie

nafta

energie

energia

prijs

hind

contract

leping

belasting

maks

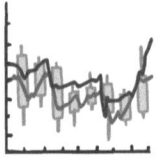

aandeel

aktsia

werken

töötama

werknemer

töötaja

werkgever

tööandja

fabriek

tehas

winkel

kauplus

beroepen
ametid

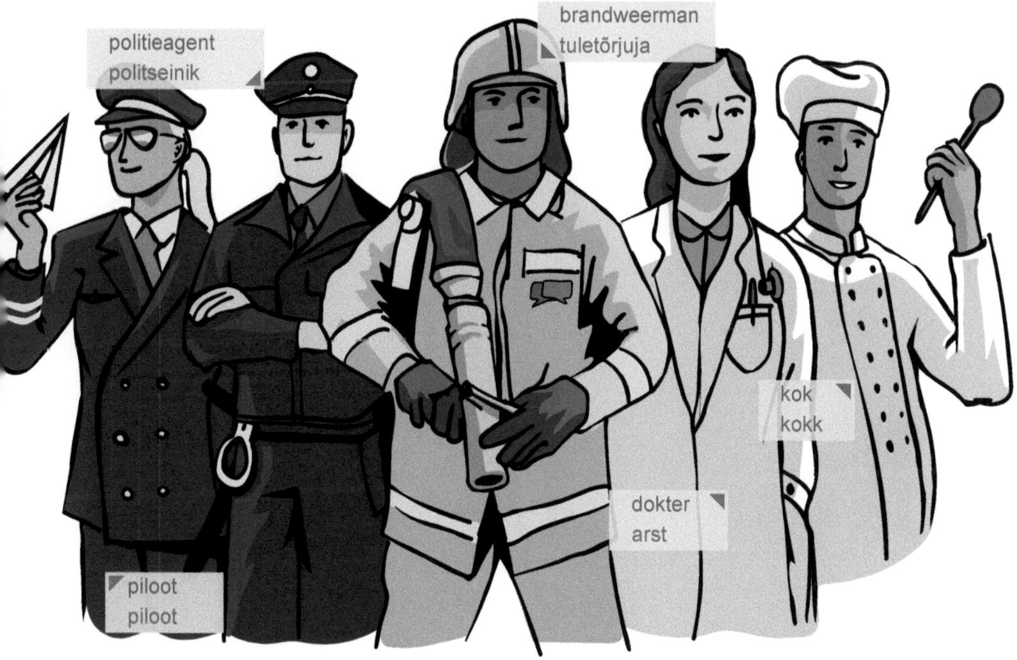
politieagent
politseinik
brandweerman
tuletõrjuja
kok
kokk
dokter
arst
piloot
piloot

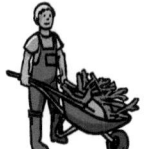

tuinman

aednik

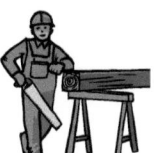

timmerman

puusepp

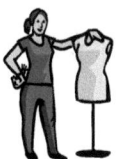

naaister

õmbleja

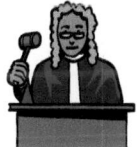

rechter

kohtunik

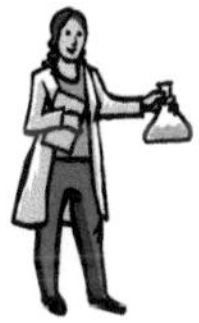

scheikundige

keemik

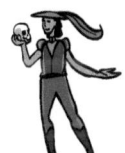

toneelspeler

näitleja

buschauffeur

bussijuht

taxichauffeur

taksojuht

visser

kalamees

schoonmaakster

koristaja

dakdekker

katusepaigaldaja

ober

kelner

jager

jahimees

schilder

maaler

bakker

pagar

elektricien

elektrik

bouwvakker

ehitaja

ingenieur

insener

slager

lihunik

loodgieter

torumees

postbode

postiljon

soldaat

sõdur

architect

arhitekt

kassier

kassapidaja

bloemist

lillemüüja

kapper

juuksur

conducteur

plletikontrolör

monteur

mehaanik

kapitein

kapten

tandarts

hambaarst

wetenschapper

teadlane

rabbi

rabi

imam

imaam

monnik

munk

pastoor

preester

gereedschap
tööriistad

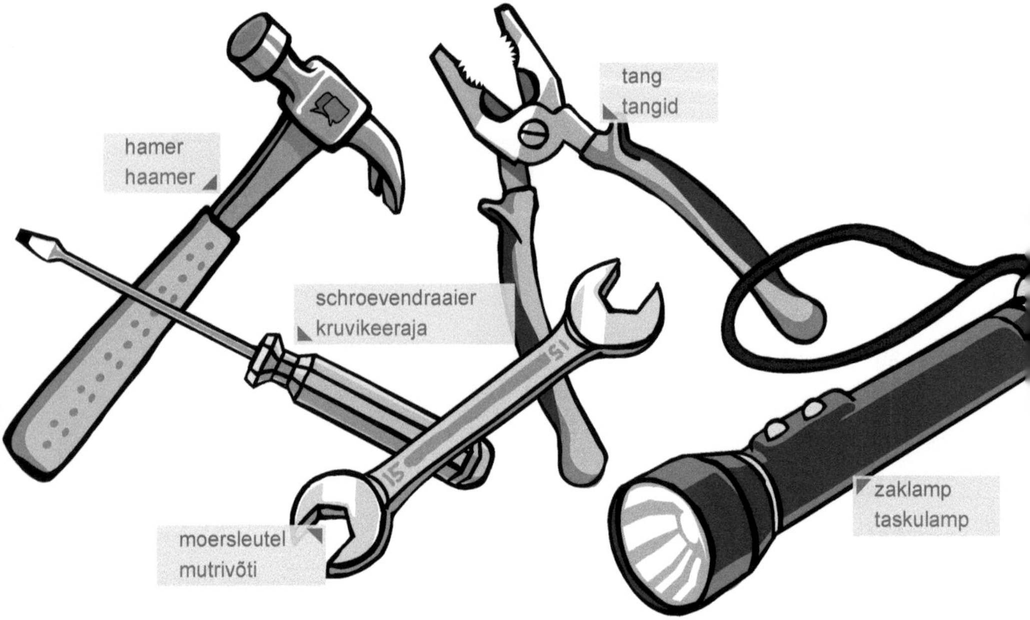

hamer
haamer
tang
tangid
schroevendraaier
kruvikeeraja
moersleutel
mutrivõti
zaklamp
taskulamp

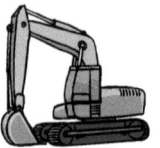

graafmachine
ekskavaator

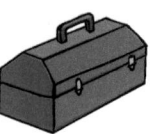

gereedschapskist
tööriistakast

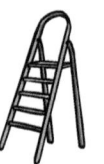

ladder
redel

zaag
saag

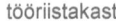

spijkers
naelad

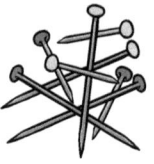

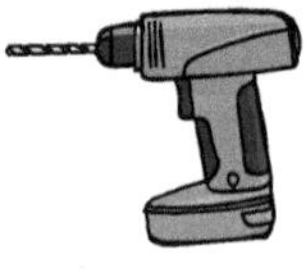

boor
trell

repareren

parandama

schep

labidas

Verdorie!

Põrgusse!

stofblik

kühvel

verfpot

värvipott

schroeven

kruvid

muziekinstrumenten
pillid

luidspreker
kõlar

drumstel
trummikomplekt

contrabas
kontrabass

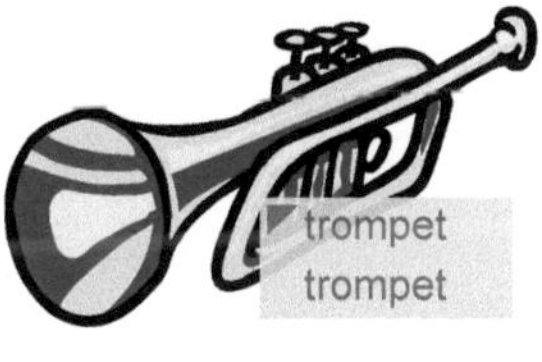

trompet
trompet

gitaar
kitarr

piano

klaver

viool

viiul

bas

bass

pauk

timpan

trommel

trummid

keyboard

süntesaator

saxofoon

saksofon

fluit

flööt

microfoon

mikrofon

dierentuin
loomaaed

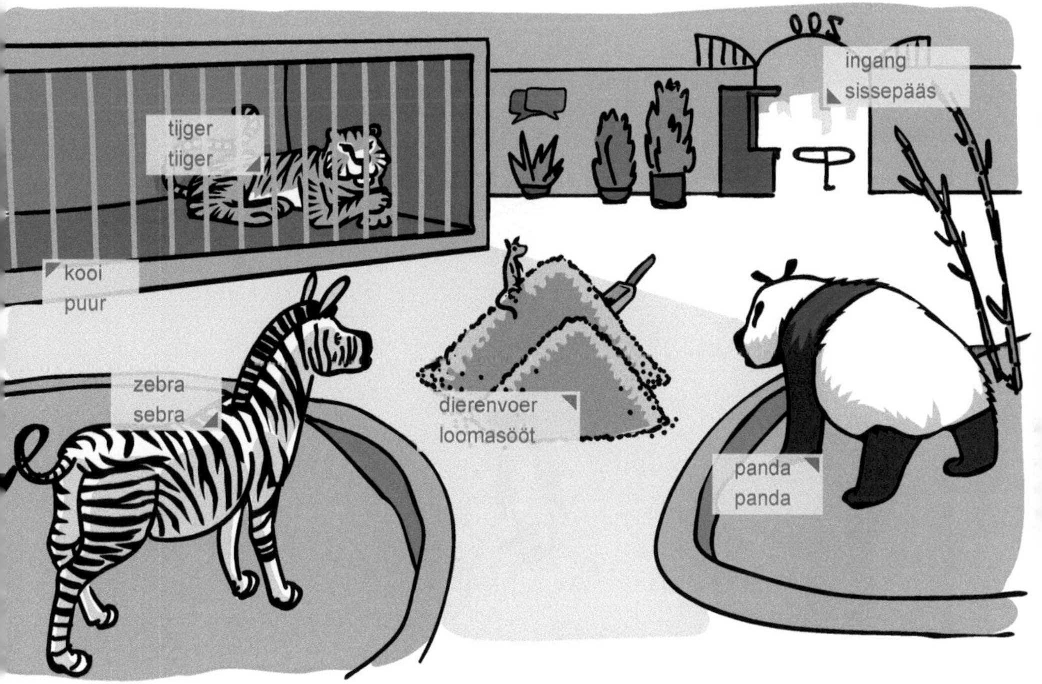

tijger
tiiger
ingang
sissepääs
kooi
puur
zebra
sebra
dierenvoer
loomasööt
panda
panda

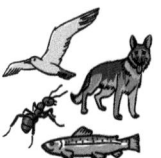

dieren

loomad

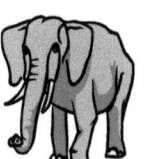

olifant

elevant

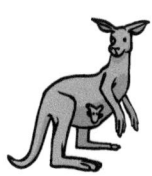

kangoeroe

känguru

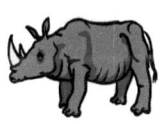

neushoorn

ninasarvik

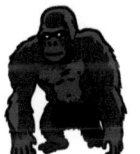

gorilla

gorilla

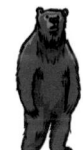

beer

karu

kameel

kaamel

struisvogel

jaanalind

leeuw

lõvi

aap

ahv

flamingo

flamingo

papegaai

papagoi

ijsbeer

jääkaru

pinguïn

pingviin

haai

hai

pauw

paabulind

slang

madu

krokodil

krokodill

dierenverzorger

loomaaiatalitaja

zeehond

hüljes

jaguar

jaaguar

pony

poni

luipaard

leopard

nijlpaard

jõehobu

giraffe

kaelkirjak

adelaar

kotkas

wild zwijn

metssiga

vis

kala

schildpad

kilpkonn

walrus

morsk

vos

rebane

gazelle

gasell

American football
Ameerika jalgpall

wielrennen
jalgrattasõit

tennis
tennis

basketbal
korvpall

zwemmen
ujumine

boksen
poksimine

ijshockey
jäähoki

voetbal
jalgpall

badminton
sulgpall

atletiek
kergejõustik

handbal
käsipall

skiën
suusatamine

polo
polo

activiteiten
tegevused

springen
hüppama
knuffelen
kallistama
lachen
naerma
lopen
jalutama
zingen
laulma
dromen
unistama
bidden
palvetama
kussen
suudlema

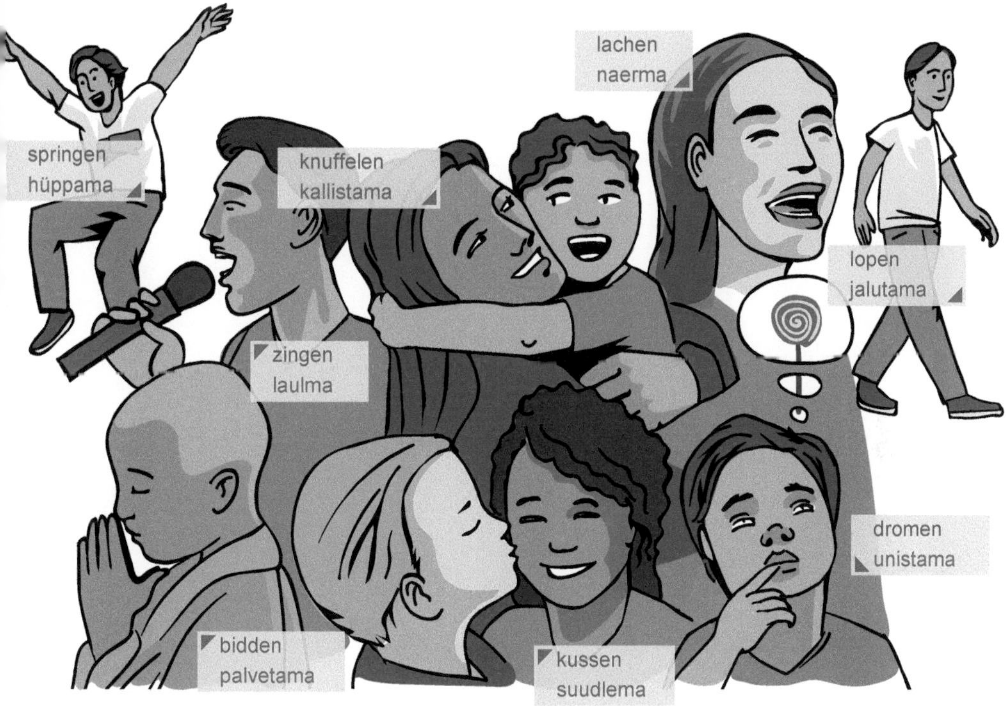

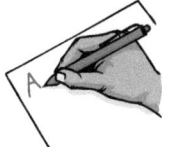

schrijven

kirjutama

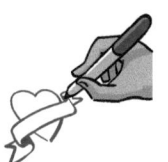

tekenen

joonistama

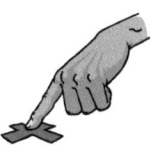

tonen

näitama

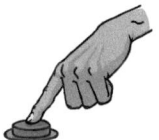

duwen

lükkama

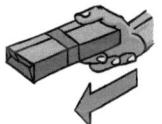

geven

andma

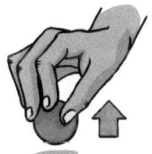

oppakken

võtma

hebben
omama

doen
tegema

zijn
olema

staan
seisma

rennen
jooksma

trekken
tõmbama

gooien
viskama

vallen
kukkuma

liggen
lamama

wachten
ootama

dragen
kandma

zitten
istuma

aankleden
riidesse panema

slapen
magama

wakker worden
ärkama

bekijken
vaatama

huilen
nutma

strelen
paitama

kammen
kammima

praten
rääkima

begrijpen
aru saama

vragen
küsima

horen
kuulama

drinken
jooma

eten
sööma

opruimen
korrastama

houden van
armastama

koken
süüa tegema

rijden
sõitma

vliegen
lendama

zeilen

purjetama

rekenen

arvutama

lezen

lugema

leren

õppima

werken

töötama

trouwen

abielluma

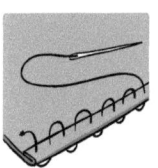

naaien

õmblema

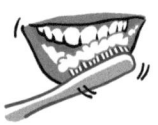

tandenpoetsen

hambaid pesema

doden

tapma

roken

suitsetama

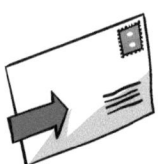

verzenden

saatma

familie
perekond

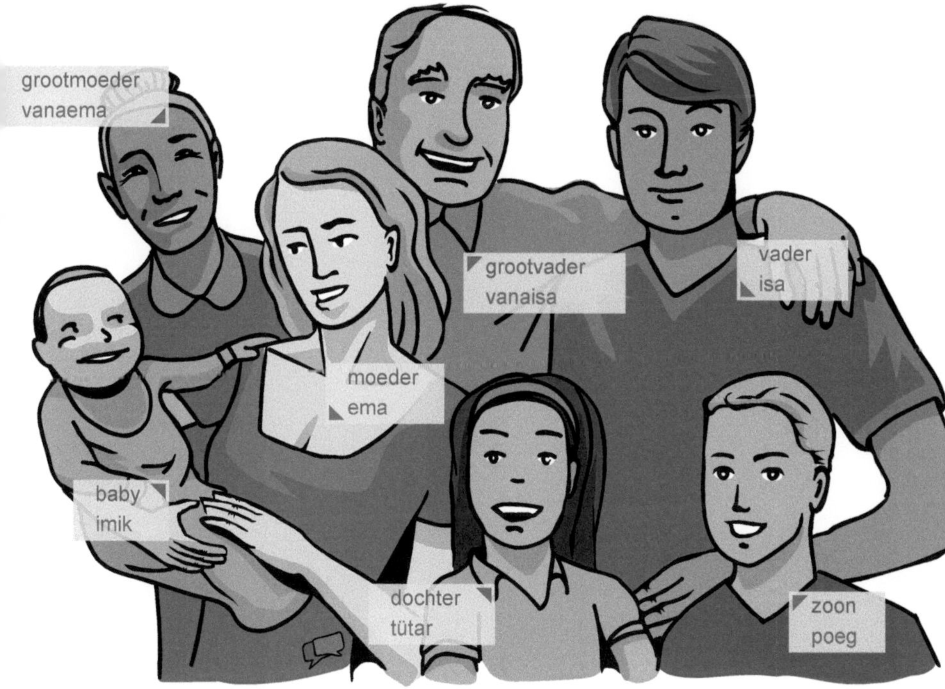
grootmoeder
vanaema
grootvader
vanaisa
vader
isa
moeder
ema
baby
imik
dochter
tütar
zoon
poeg

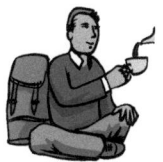

gast

külaline

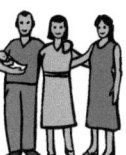

tante

tädi

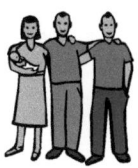

oom

onu

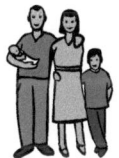

broer

vend

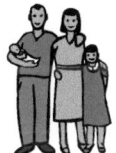

zus

õde

lichaam
keha

voorhoofd
otsmik
oog
silm
schouder
õlg
vinger
sõrm
gezicht
nägu
kin
lõug
hand
käsi
been
jalg
borst
rind
arm
käsivars

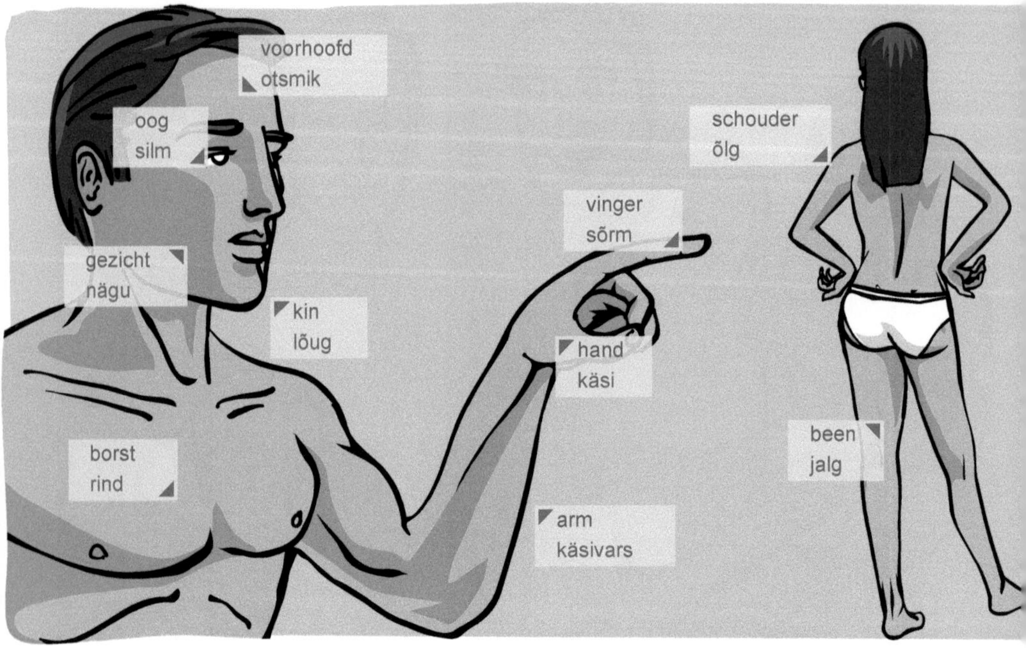

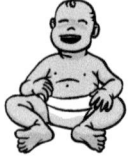

baby
imik

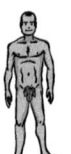

man
mees

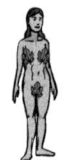

vrouw
naine

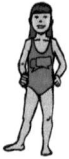

meisje
tüdruk

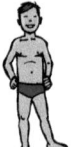

jongen
poiss

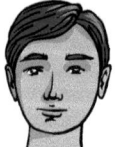

hoofd
pea

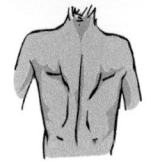

rug
selg

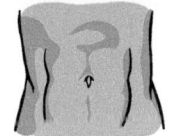

buik
kõht

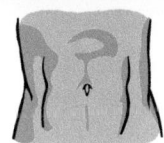

navel
naba

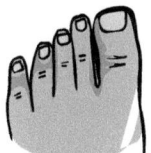

teen
varvas

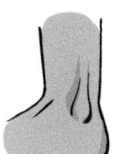

hiel
kand

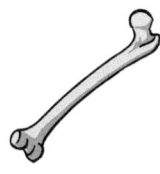

bot
luu

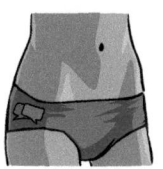

heup
puus

knie
põlv

elleboog
küünarnukk

neus
nina

achterwerk
tagumik

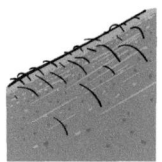

huid
nahk

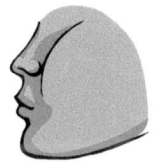

wang
põsk

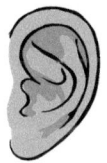

oor
kõrv

lippen
huuled

mond
suu

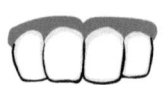

tand
hammas

tong
keel

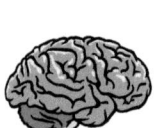

hersenen
aju

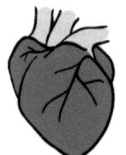

hart
süda

spier
lihas

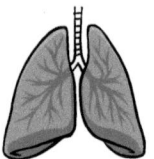

long
kops

lever
maks

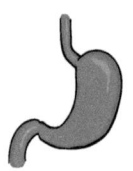

maag
magu

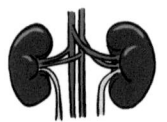

nieren
neerud

geslachtsgemeenschap
seksuaalvahekord

condoom
kondoom

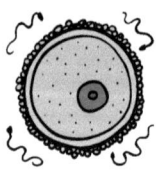

eicel
munarakk

sperma
sperma

zwangerschap
rasedus

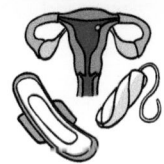

menstruatie

menstruatsioon

vagina

vagiina

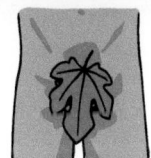

penis

peenis

wenkbrauw

kulm

haar

juuksed

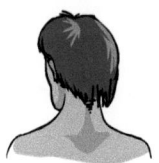

hals

kael

ziekenhuis
haigla

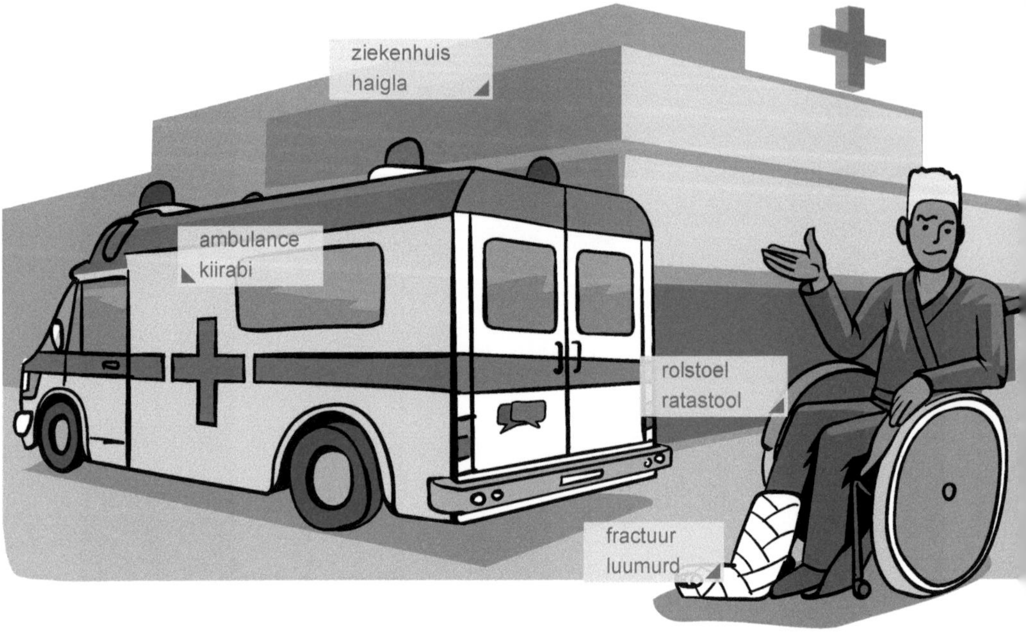

ziekenhuis
haigla
ambulance
kiirabi
rolstoel
ratastool
fractuur
luumurd

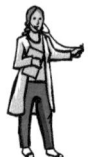

dokter

arst

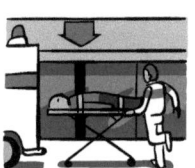

EHBO

traumapunkt

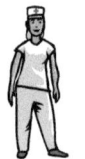

verpleegster

meditsiiniõde

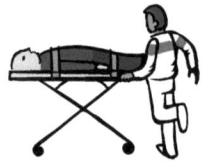

noodgeval

hädaolukord

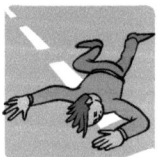

bewusteloos

teadvuseta

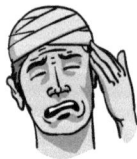

pijn

valu

verwonding

vigastus

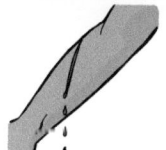

bloeding

verejooks

hartaanval

südamerabandus

beroerte

insult

allergie

allergia

hoest

köha

koorts

palavik

griep

gripp

diarree

kõhulahtisus

hoofdpijn

peavalu

kanker

vähk

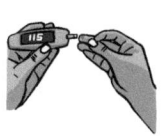

diabetes

diabeet

chirurg

kirurg

scalpel

skalpell

operatie

operatsioon

CT

KT

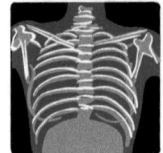

röntgen

röntgen

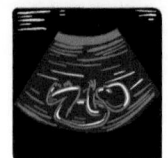

echografie

ultraheli

gezichtsmasker

mask

ziekte

haigus

wachtkamer

ooteruum

kruk

kark

pleister

kips

verband

side

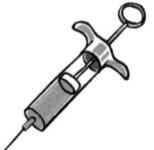

injectie

süst

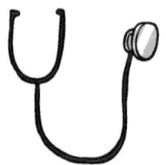

stethoscoop

stetoskoop

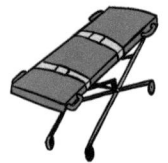

brancard

kanderaam

thermometer

kraadiklaas

geboorte

sünd

overgewicht

ülekaaluline

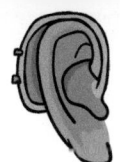

gehoorapparaat

kuuldeaparaat

ontsmettingsmiddel

desinfektsioonivahend

infectie

põletik

virus

viirus

HIV / AIDS

HIV / AIDS

medicijn

meditsiin

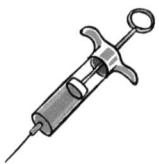

inenting

vaktsineerimine

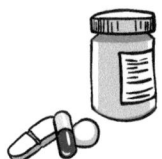

tabletten

tabletid

pil

pill

alarmnummer

hädaabikõne

bloeddrukmeter

vererõhuaparaat

ziek / gezond

haige / terve

Help!

Appi!

alarm

häire

overval

kallaletung

aanval

rünnak

gevaar

oht

nooduitgang

avariiväljapääs

Brand!

Tulekahju!

brandblusser

tulekustuti

ongeluk

õnnetus

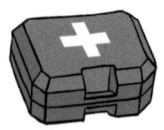

EHBO-koffer

esmaabikomplekt

SOS

SOS

politie

politsei

Europa

Euroopa

Noord-Amerika

Põhja-Ameerika

Zuid-Amerika

Lõuna-Ameerika

Afrika

Aafrika

Azië

Aasia

Australië

Austraalia

Atlantische Oceaan

Atlandi ookean

Stille Oceaan

Vaikne ookean

Indische Oceaan

India ookean

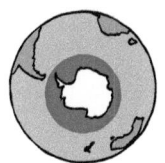

Zuidelijke Oceaan

Lõuna-Jäämeri

Noordelijke IJszee

Põhja-Jäämeri

Noordpool

põhjapoolus

Zuidpool

lõunapoolus

Antarctica

Antarktika

aarde

Maa

land

maismaa

zee

meri

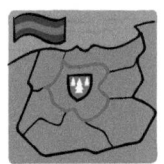

eiland

saar

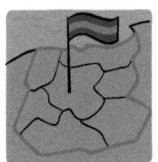

natie

rahvus

staat

riik

wijzerplaat

sihverplaat

uurwijzer

tunniosuti

minutenwijzer

minutiosuti

secondewijzer

sekundiosuti

Hoe laat is het?

Mis kell on?

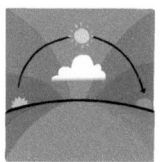

dag

päev

tijd

aeg

nu

praegu

digitaal horloge

digitaalne kell

minuut

minut

uur

tund

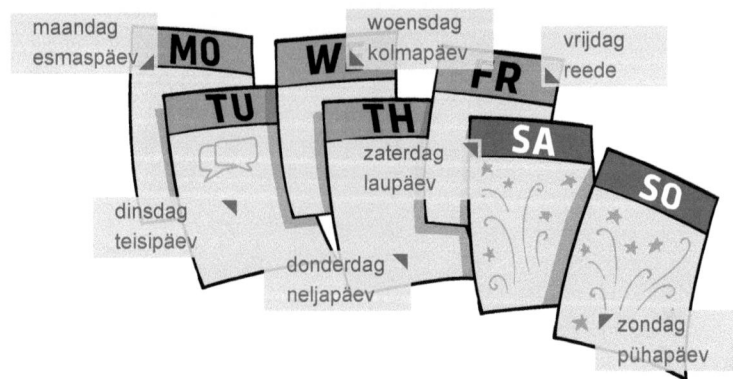

maandag
esmaspäev — **MO**

TU

dinsdag
teisipäev

woensdag
kolmapäev — **W**

TH

zaterdag
laupäev — **SA**

donderdag
neljapäev

vrijdag
reede — **FR**

SO

zondag
pühapäev

gisteren

eile

vandaag

täna

morgen

homme

ochtend

hommik

middag

lõuna

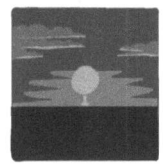

avond

õhtu

werkdagen

tööpäevad

weekend

nädalavahetus

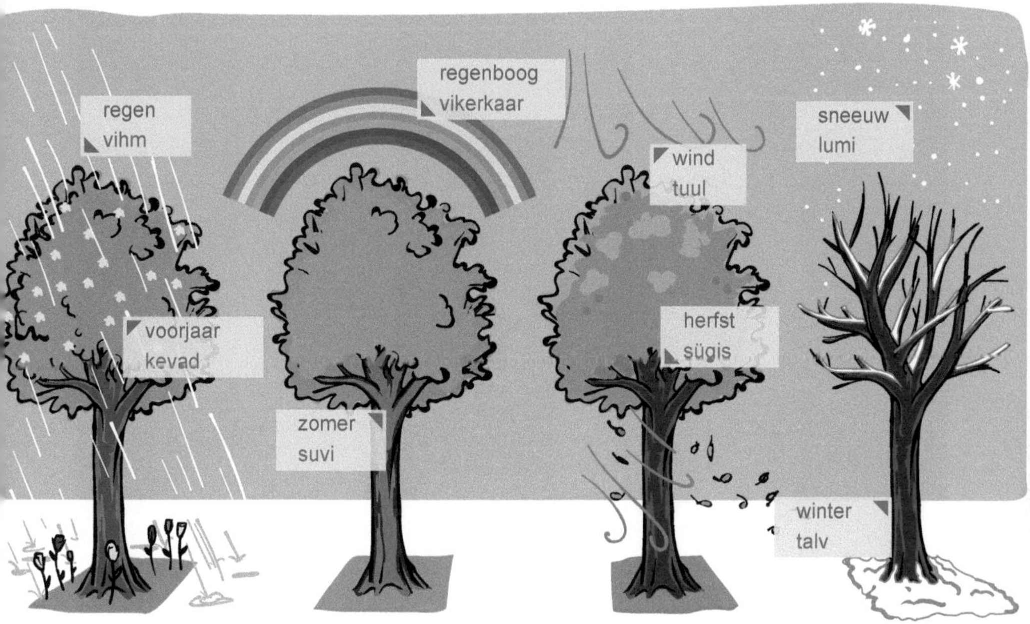

regen
vihm
regenboog
vikerkaar
wind
tuul
sneeuw
lumi
voorjaar
kevad
herfst
sügis
zomer
suvi
winter
talv

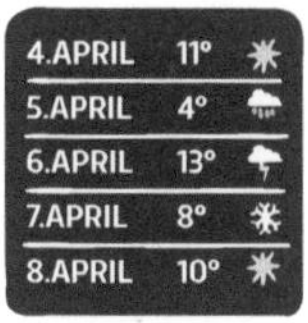

4.APRIL 11°
5.APRIL 4°
6.APRIL 13°
7.APRIL 8°
8.APRIL 10°

weerbericht

ilmaennustus

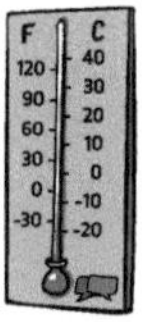

F
C
120
90
60
30
0
-30
40
30
20
10
0
-10
-20

thermometer

termomeeter

zonneschijn

päikesepaiste

wolk

pilv

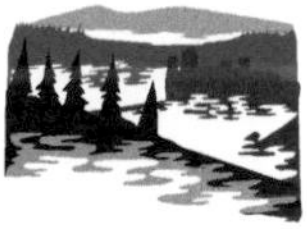

mist

udu

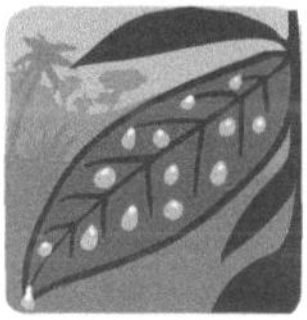

luchtvochtigheid

niiskus

bliksem

pikne

donder

kõu

storm

torm

hagel

rahe

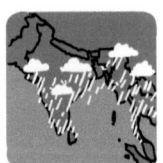

moesson

mussoon

overstroming

üleujutus

ijs

jää

januari

jaanuar

februari

veebruar

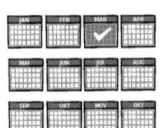

maart

märts

april

aprill

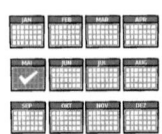

mei

mai

juni

juuni

juli

juuli

augustus

august

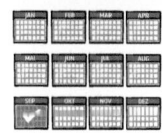

september

september

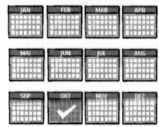

oktober

oktoober

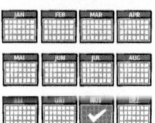

november

november

december

detsember

vormen
kujundid

cirkel

ring

vierkant

ruut

rechthoek

nelinurk

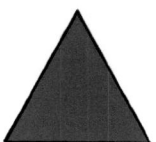

driehoek

kolmnurk

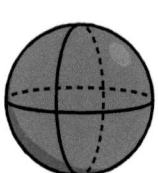

bol

kera

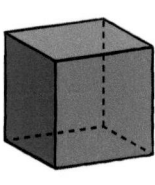

kubus

kuup

wit

valge

geel

kollane

oranje

oranž

roze

roosa

rood

punane

paars

lilla

blauw

sinine

groen

roheline

bruin

pruun

grijs

hall

zwart

must

veel / weinig

palju / vähe

boos / rustig

vihane / rahulik

mooi / lelijk

ilus / inetu

begin / einde

algus / lõpp

groot / klein

suur / väike

licht / donker

hele / tume

broer / zus

vend / õde

schoon / vies

puhas / must

volledig / onvolledig

täielik / puudulik

dag/ nacht

päev / öö

dood / levend

surnud / elus

breed / smal

lai / kitsas

eetbaar / oneetbaar

söödav / mittesöödav

gemeen / aardig

kuri / sõbralik

opgewonden / verveeld

põnevil / tüdinud

dik / dun

paks / peenike

eerste / laatste

esimene / viimane

vriend / vijand

sõber / vaenlane

vol / leeg

täis / tühi

hard / zacht

kõva / pehme

zwaar / licht

raske / kerge

honger / dorst

nälg / janu

ziek / gezond

haige / terve

illegaal / legaal

ebaseaduslik / seaduslik

intelligent / dom

tark / rumal

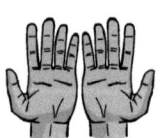

links / rechts

vasak / parem

dichtbij / ver

lähedal / kaugel

nieuw / gebruikt

uus / kasutatud

niets / iets

mitte midagi / midagi

oud / jong

vana / noor

aan / uit

sees / väljas

open / gesloten

lahti / kinni

zacht / luid

vaikne / vali

rijk / arm

rikas / vaene

goed / fout

õige / vale

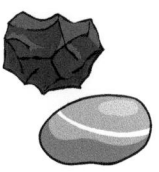

ruw / glad

kare / sile

verdrietig / gelukkig

kurb / rõõmus

kort / lang

lühike / pikk

langzaam / snel

aeglane / kiire

nat / droog

märg / kuiv

warm / koel

soe / jahe

oorlog / vrede

sõda / rahu

0

nul

null

1

één

üks

2

twee

kaks

3

drie

kolm

4

vier

neli

5

vijf

viis

6

zes

kuus

7

zeven

seitse

8

acht

kaheksa

9

negen

üheksa

10

tien

kümme

11

elf

üksteist

12

twaalf

kaksteist

13

dertien

kolmteist

14

veertien

neliteist

15

vijftien

viisteist

16

zestien

kuusteist

17

zeventien

seitseteist

18

achttien

kaheksateist

19

negentien

üheksateist

20

twintig

kakskümmend

100

honderd

sada

1.000

duizend

tuhat

1.000.000

miljoen

miljon

Engels

inglise

Amerikaans Engels

Ameerika inglise

Chinees Mandarijn

mandariini

Hindi

hindi

Spaans

hispaania

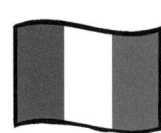

Frans

prantsuse

Arabisch

araabia

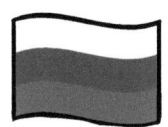

Russisch

vene

Portugees

portugali

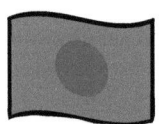

Bengalees

bengali

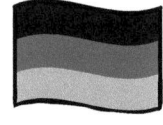

Duits

saksa

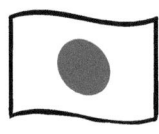

Japans

jaapani

ik

mina

jij

sina

hij / zij / het

tema

wij

meie

jullie

teie

zij

nemad

wie?

kes?

wat?

mis?

hoe?

kuidas?

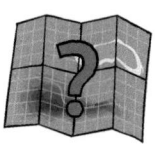

waar?

kus?

wanneer?

millal?

naam

nimi

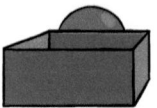

achter

taga

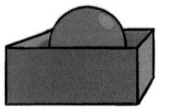

in

sees

voor

ees

boven

kohal

op

peal

onder

all

naast

kõrval

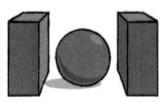

tussen

vahel

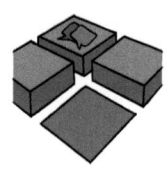

plaats

koht